METRO

DE ALEX SUMMERS

Rourke
Educational Media
rourkeeducationalmedia.com

Escanea el código para descubrir títulos relacionados y recursos para los maestros

Actividades para antes y después de leer:

Enfoque de la enseñanza:

Conceptos de impresión: Pida a los estudiantes que busquen las letras mayúsculas y la puntuación en una frase. Pida a los estudiantes que expliquen cuál es el propósito de usarlas en una frase.

Antes de leer:

Construcción del vocabulario académico y conocimiento del trasfondo

Antes de leer un libro, es importante que prepare a su hijo o estudiante usando estrategias de prelectura. Esto les ayudará a desarrollar su vocabulario, aumentar su comprensión de lectura y hacer conexiones durante el seguimiento al plan de estudios.

1. Lea el título y mire la portada. *Haga predicciones acerca de lo que tratará este libro.*
2. Haga un «recorrido con imágenes», hablando de los dibujos/fotografías en el libro. Implante el vocabulario mientras hace el recorrido con las imágenes. Asegúrese de hablar de características del texto tales como los encabezados, el índice, el glosario, las palabras en negrita, los subtítulos, los gráficos/diagramas o el índice analítico.
3. Pida a los estudiantes que lean la primera página del texto con usted y luego haga que lean el texto restante.
4. Charla sobre la estrategia: úsela para ayudar a los estudiantes mientras leen.
   - Prepara tu boca
   - Mira la foto
   - Piensa: ¿tiene sentido?
   - Piensa: ¿se ve bien?
   - Piensa: ¿suena bien?
   - Desmenúzalo buscando una parte que conozcas
5. Léalo de nuevo.

Área de contenido Vocabulario

Utilice palabras del glosario en una frase.

conductor
conectados
estación
rieles

Después de leer:

Actividad de comprensión y extensión

Después de leer el libro, trabaje en las siguientes preguntas con su hijo o estudiantes para comprobar su nivel de comprensión de lectura y dominio del contenido.

1. ¿Qué tienen en común los trenes y el metro? *(Resuma).*
2. ¿Cómo se llama la persona que maneja el metro? *(Haga preguntas).*
3. ¿Alguna vez has montado en un metro? *(Texto para conectar con uno mismo).*
4. ¿De qué te agarras cuando todos los bancos de un vagón de metro están ocupados? *(Haga preguntas).*

Actividad de extensión

Metros y trenes: con la ayuda de un adulto, divide un pedazo de papel por la mitad. Escribe la palabra «Trenes» en un lado. Escribe la palabra «Metro» en el otro. Habla ahora de las cosas que tienen en común los trenes y el metro. Anótalas en el papel. Luego, habla de las diferencias entre trenes y el metro y anótalas también en el papel. ¿Son más las diferencias o las semejanzas?

Índice

Viaje subterráneo

¡Listo para irme!

¿Cómo llegaré?

¡Ya sé! Tomaré el metro. La **estación** del metro es subterránea.

metro

Hay mucha gente esperando abordar. El metro llega. Las puertas se abren.

42 Street
Times Sq
Port Authority
A C E S 1 2 3 7
Elevator to
mezzanine
40 Street
Broadway
Exit
87
MTA
1

Un metro se parece a un tren. No tiene ruedas. Circula sobre **rieles.**

rieles

En un vagón de metro

Adentro hay bancos. La gente se agarra de los postes en el medio.

postes

Docenas de vagones del metro están **conectados**. Un **conductor** maneja adelante.

conductor
ATO START

¡Vamos rápido!
Está oscuro afuera.

Estaciones de metro

Hay muchas estaciones de metro. La gente se sube y se baja en cada una.

Chambers Street
Station
J Z 4 5 6
Elevator to 4 5 6 at
Centre St & Chambers St
Enter with or buy MetroCard at
all times or see agent at
Chambers St & Centre St

Paramos. El conductor dice el nombre de la estación.

¡Las puertas se abren y salgo!

Glosario fotográfico:

conductor: alguien que maneja una máquina. Por ejemplo, un metro.

conectados: cuando conectas algo, lo unes con otra cosa.

estación: lugar donde se venden boletos para trenes y metros.

rieles: barras fijas unidas por trozos de madera que permiten que un metro permanezca en los rieles.

Índice analítico

Sitios web (páginas en inglés)

https://mommypoppins.com/ny-kids/a-kids-guide-to-new-york-underground-subways-and-beyond
http://www.parkslopeparents.com/Tween-Advice-from-Parents/roadmap-for-independence-kids-riding-the-subway.html
www.pinterest.com/tahnee_b/subway-art-ideas

Sobre la autora

Alex Summers disfruta de todas las formas de transporte. Especialmente si la están llevando a sitios en los que nunca ha estado o no ha visto. ¡Le encanta viajar, leer, escribir y soñar con todos los lugares que visitará algún día!

¡Conoce a la autora! (Página en inglés). www.meetREMauthors.com

Library of Congress PCN Data

Metro / Alex Summers
(¡El transporte y yo!)
ISBN 978-1-64156-008-5 (soft cover - spanish)
ISBN 978-1-64156-089-4 (e-Book - spanish)
ISBN 978-1-68342-165-8 (hard cover - english)
ISBN 978-1-68342-207-5 (soft cover - english)
ISBN 978-1-68342-234-1 (e-Book - english)
Library of Congress Control Number: 2016956607

Rourke Educational Media
Printed in China, Printplus Limited,
Guangdong Province

www.rourkeeducationalmedia.com

Editado por: Keli Sipperley
Diseño de tapa por: Tara Raymo
Diseño de interiores por: Rhea Magaro-Wallace
Traducción: Santiago Ochoa
Edición en español: Base Tres

Photo Credits: Cover: ©hellena13; ©400tmax; page 5a, 6, 22: ©Samuel Borges Photography; page 5b: ©Pogonici; page 5c: ©Nerthuz; page 7: ©ellisonphoto; page 9: ©Allen G.; page 11: ©Olive Sved; page 13: ©Rusian Dashinsky; page 15: ©baranozdemir; page 17: ©Uatap1; page 19: ©deberarr; page 21: ©golgachov; page 22: ©Lena Ivanov